# 물리학의 여왕 우젠슝

원자의 비밀을 풀다

## ❋ 감사하는 말

이 책이 나올 수 있도록 도와준 분들, 즉 훌륭하게 이끌어 준 제인 욜렌, 나와 목표를 같이 나눈 크리스티나 풀스, 나를 믿어 준 나타스차 모리스, 통찰력과 동지애를 보여 준 펭귄 출판사와 스크리블러스 출판사 여러분, 그리고 무엇보다 우리 식구들에게 감사드립니다.

— 테레사 로버슨

우젠슝 가족들에게서 인용문을 사용할 수 있도록 허락을 구해 준 샤런 버츠 맥그레인에게 감사드립니다.

— 테레사 로버슨과 레베카 황

Queen of Physics: How Wu Chien Shiung helped unlock the secrets of the atom

by Teresa Robeson, illustrated by Rebecca Huang
Text copyright ⓒ 2019 by Teresa Robeson
Illustrations copyright ⓒ 2019 by Rebecca Huang

Originally published in 2019 in the United States by Sterling Publishing Co., Inc. under the title, QUEEN OF PHYSICS: HOW WE CHIEN SHIUNG HELPED UNLOCK THE SECRETS OF THE ATOM.
This translation of Queen of Physics: How Wu Chien Shiung helped unlock the secrets of the atom, 2023 is published by Dourei Publication Co. by arrangement with Union Square & Co., LLC, a subsidiary of Sterling Publishing Co., Inc. All rights reserved.

이 책의 한국어판 저작권은 ㈜한국저작권센터(KCC)를 통해 STERLING CHILDREN'S BOOKS와 독점계약한 두레 출판사가 갖고 있습니다. 저작권법에 의하여 한국 내에서 보호를 받는 저작물이므로 무단전재와 복제를 금합니다.

# 물리학의 여왕 우젠슝

원자의 비밀을 풀다

테레사 로버슨 글
레베카 황 그림
강미경 옮김

두레아이들

중국의 작은 마을 류허현에서 우 씨네 집 사람들이
아기가 태어난 걸 축하했어요.

아기는 여자아이였어요.

여자아이!

이 아이는 커서 과연
어떤 사람이 될까요?

그 시절에만 해도

여자아이들은 학교에 보내지 않았어요.
남자아이들만큼 똑똑하지 못하다고 생각했거든요.
과학자가 되어 보라는 격려는 생각도 할 수 없었고요.

그러나 우 씨 부부는 그렇게 생각하지 않았어요.
이 부부는 여자아이도 학교에 가야 하고,
여자아이도 바라는 대로 될 수 있다고 생각했어요.

이들은 딸이 똑똑하고 용감하게 자라서
세상에 변화를 가져오기를 바랐어요.

그래서 딸의 이름을 '용감한 영웅'이라는 뜻의
젠슝(健雄, 건웅)이라고 지었어요.

우젠슝이 태어나기 전부터
우젠슝의 아버지는 기술자를 그만두고
여자아이들만 가르치는 학교를 열었어요.

엄마는 신발이 닳아 해지도록, 류허현에 있는 집이란 집은 모조리 찾아다녔어요.
딸들도 가르쳐야 한다고 부모들을 설득하려고 말이에요.

그렇게 해서 우젠슝이 학교 갈 나이가 되었을 때는
모든 게 준비되어 있었어요. 우젠슝의 아버지는
교장 선생님이었고, 어머니는 선생님이었어요.
부부는 어린 여자아이들에게 읽고 쓰는 법과
셈하는 법을 가르쳤어요.

어머니와 아버지는 또 용감하기도 했는데, 딸도 그 모습을 빼다 박았어요.

머지않아 우젠슝은 부모님의 학교에서 배울 수 있는 건 몽땅 배웠어요.
우젠슝은 수를 세는 건 말할 것도 없고 더하기, 빼기, 곱하기, 나누기도 척척 해냈어요. 읽고 쓰는 법도 깨우쳤어요. 힘 있게 찍는 점, 비스듬히 쓰는 삐침, 가느다란 갈고리 등이 포함된 한자를 수백 개나 알았어요.

우젠슝은 더 배울 준비가 되어 있었어요.

그러나 1920년대에 우젠슝의 집에서 가장 가까운 여학교는 울퉁불퉁한 먼지투성이 시골길을 80킬로미터나 가야 나오는 쑤저우시에 있었어요.
이제 우젠슝은 가족과 멀리 떨어져 살아야 했어요. 집에는 겨울방학 때와 여름방학 때만 올 수 있었고요.

어머니는 눈물을 흘렸어요.
아버지는 크게 걱정이 되었어요.
그러나 부부는 딸이 성장하려면
세상에 용감하게 맞서야 한다는 걸
잘 알고 있었어요.

우젠슝도 이를 잘 알았어요.
그래서 먼 길을 떠났던 거예요.

쑤저우 여자제2사범학교는 학교 정규 교육과 교사 양성이라는 두 가지 과정을 운영했어요. 우젠슝은 무료로 운영되는 교사 양성 과정을 선택했어요. 그러나 틈틈이 학교 정규 교육 교재들도 들여다보면서, 그쪽이 훨씬 더 많은 걸 다룬다는 사실을 알게 됐어요.

과학은 그저 과학이 아니었어요.

생물학도 있고,

화학도 있고,

물리학도 있었어요.

이 모두가 수학이라는 아름다운 언어로 서로 연결되어 있었어요.

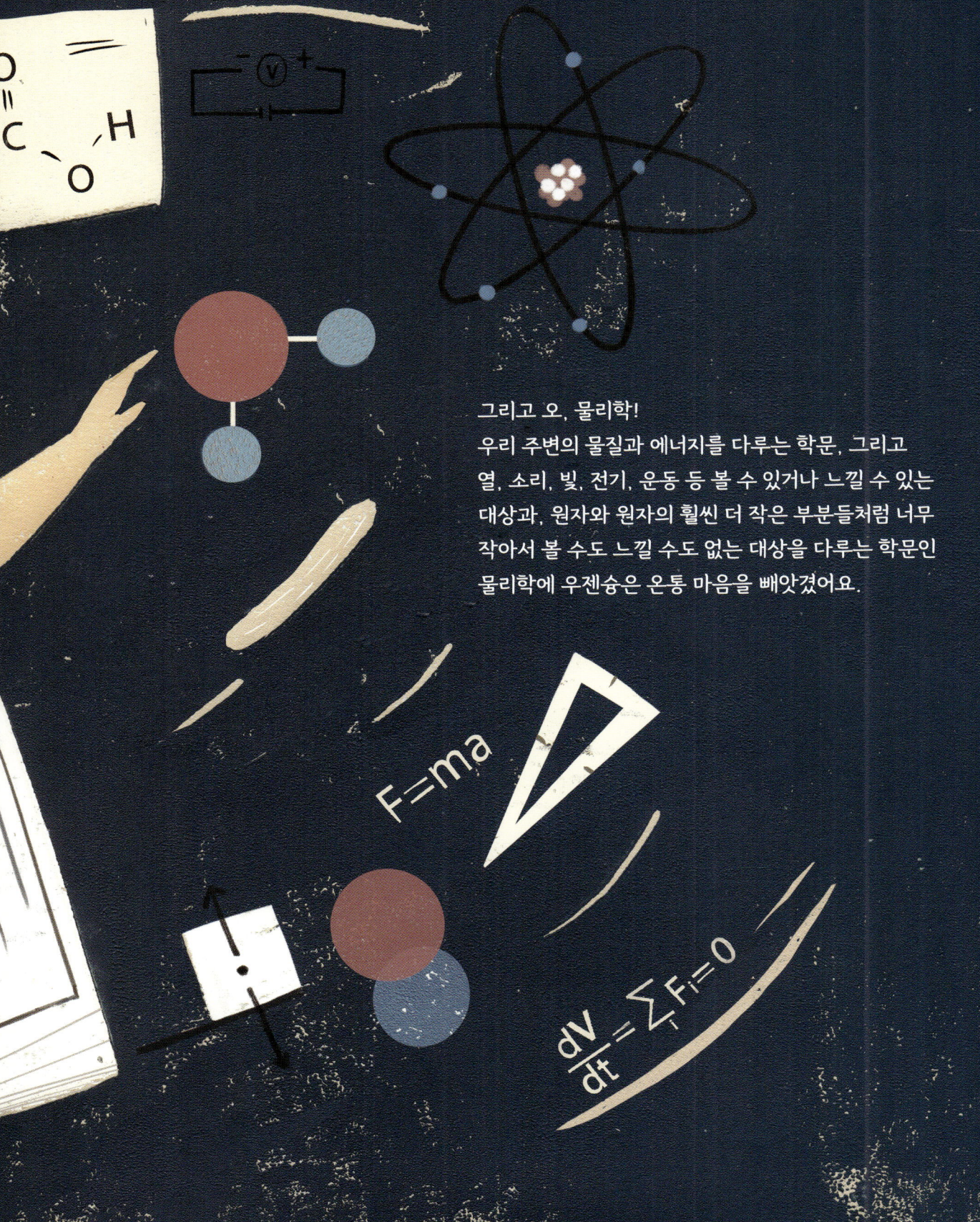

그리고 오, 물리학!
우리 주변의 물질과 에너지를 다루는 학문, 그리고 열, 소리, 빛, 전기, 운동 등 볼 수 있거나 느낄 수 있는 대상과, 원자와 원자의 훨씬 더 작은 부분들처럼 너무 작아서 볼 수도 느낄 수도 없는 대상을 다루는 학문인 물리학에 우젠슝은 온통 마음을 빼앗겼어요.

우젠슝은 낮에는 교사 양성 과정 수업을 듣고, 밤에는 친구들에게서 빌린 정규 교육 교재를 공부하기 시작했어요. 우젠슝은 이를 '자가 학습'이라고 불렀어요. 이 방법은 이후 우젠슝을 평생 따라다니게 되는 습관으로 자리 잡았어요.

우젠슝은 특히 공부도 열심히 하고 도전도 두려워하지 않아 친구들 사이에서 단연 눈에 띄었어요. 그러자 친구들은 우젠슝에게 정부에 맞서 싸우는 '지하' 학생 조직의 지도자가 되어 달라고 요청했어요. 시민들은 하고 싶은 말이 있어도 마음껏 할 수가 없었어요. 엉뚱한 정당을 지지하거나, 엉뚱한 말을 하거나, 엉뚱한 시간에 엉뚱한 곳에 있으면 정부나 군벌들이나 중국에 거주하는 부유하고 입김 강한 외국인들 손에 처벌받거나 심할 경우 목숨을 잃을 수도 있었어요.

학생들은 용감한 사람이 자기들을 이끌어 주길 바랐어요.
그래서 우젠슝에게 부탁했어요.

우젠슝은 어떻게 했을까요? 무엇을 할 수 있었을까요?

우젠슝은 아버지가 '용감한 영웅'이라는 뜻으로
지어 준 이름에 걸맞게 살기로 했어요.

하루하루가 수업과 숙제, 혼자만의 비밀 공부로
빈틈없이 꽉 찬 데다 학생 시위까지 지휘하느라
우젠슝은 가족을 그리워할 틈이 거의 없었어요.

그렇게 몇 년이 훌쩍 지나갔어요.

어느덧 열일곱 살이 된 우젠슝은 최고의 성적으로 학교를 무사히 졸업했어요. 바로 집에 가면 편했을 테지만 우젠슝은 조금 더 힘든 길을 택해 난징으로 떠났어요. 그토록 좋아하는 물리학을 더 깊이 공부할 수 있는 국립중앙대학교에 들어가기 위해서였어요. 난징은 쑤저우보다 집에서 세 배나 더 멀리 떨어진 곳이었어요.

남다른 성실성과 결단력으로 우젠슝은 또다시 학생운동 지도자가 되었어요. 우젠슝은 학생들을 이끌고 장제스 장군의 사령부까지 행진해 갔어요. 그곳에서 동료들과 함께, 일본 침략자들에게 저항하라고 장제스 정부에 촉구했어요. 이때는 2차 세계대전이 일어나기 바로 전이었어요.

더 널리 퍼지려면 멀리 날아가야 하는 씨앗처럼, 우젠슝은 1936년에 또 한 번 머나먼 여행길에 올랐어요. 이번에는 바다 건너 수천 킬로미터나 떨어진 미국 캘리포니아의 버클리였어요. 우젠슝은 계속해서 원자 물리학을 공부할 계획이었어요.

과학자들은 원자를 이해하기는 했으나 완벽히 이해하지는 못했어요. 원자가 어떻게 쪼개지는지를 알면 그 원리를 새로운 발명과 기술에 적용할 수 있을 것 같았어요. 또 의사들이 아픈 사람들을 치료하는 데에도 도움이 될 것 같았어요.

우젠슝은 특히 원자핵 붕괴의 하나로,
원자핵의 중성자가 베타 입자를 배출하고
양성자로 바뀌거나 양성자가 베타 입자를 배출하고
중성자로 바뀌는 현상인 '베타 붕괴'에 매달렸어요.
그건 마치 선물 상자를 하나 열었는데 그 안에 다른
선물이 세 개나 들어 있는 것 같은 느낌이었어요.

우젠슝은 캘리포니아에 이어 뉴욕의 컬럼비아 대학교로 가서
'베타 붕괴'를 계속 파고들었어요.

우젠슝은 꼼꼼하고 신중했으며,

또 매우 정확했어요.

우젠슝은 '베타 붕괴'라면 다른 누구보다도 깊이 이해할 수 있을 때까지 실험하고
또 실험했어요. 우젠슝의 명성은 날로 높아졌어요. 물리학자들은 문제를 해결하지
못하면 우젠슝을 찾아와 도움을 부탁했어요.
물리학자인 엔리코 페르미는 베타 붕괴가 일어나는 동안 전자가 중성자를
박차고 뛰쳐나오려면 전자의 속도가 더 빨라져야 한다고 말했어요.
그러나 그 말을 증명하지는 못했어요. 그 누구도 증명하지 못했어요.

그러나 우젠슝이 이를 증명해 냈어요!

베타 붕괴를 너무나도 잘 이해하고 있어서 무엇을 찾아야 할지
알고 있었기 때문이에요. 게다가 무척이나 세심한 연구자였기에
페르미가 옳다는 걸 입증하는 까다로운 실험을 진행할 수가 있었어요.

많은 사람이 이 성과로 우젠슝이 노벨상을 받아야 한다고 생각했어요. 그러나 우젠슝은 노벨상을 받지 못했어요.

물리학자인 양전닝과 리정다오는 많은 과학자가 믿는 것, 곧 자연은 왼쪽과 오른쪽을 구분하지 않는다는 이른바 '패리티'라는 대칭 개념에 의문을 품고 우젠슝에게 조사를 부탁했어요.

우젠슝은 베타 붕괴 중에서도 패리티와 씨름해 왔기 때문에 무엇을 해야 할지 알고 있었어요. 오로지 이 연구에만 매달리기 위해 우젠슝은 정말 오랜만에 계획한 중국 여행마저 취소했어요. 미국으로 건너오면서 집을 떠난 뒤 처음으로 부모님을 볼 수 있는 아주 드문 기회였는데 말이에요.

우젠슝의 고된 작업은 결실을 맺었어요. 연구 결과 그 세 사람의 연구가 옳다는 게 입증되었거든요!

그런데 이 공로로 양전닝과 리정다오만 노벨상을 받았어요. 우젠슝은 빼놓고 말이에요.

또 다른 유명한 물리학자인 리처드 파인만과 머리 겔-만이 우젠슝에게
베타 붕괴의 특별한 발현에 관한 자신들의 가설을 살펴봐 달라고 부탁해 왔어요.
이번에도 우젠슝은 평소처럼 철저하게 실험해서 그 가설이 맞는다는 걸 입증해 보였어요.

많은 과학자가 이 중요한 발견을 우젠슝의 공으로 돌렸어요.
그러나 이번에도 우젠슝은 노벨상을 받지 못했어요.

우젠슝은 바라는 일자리를 얻지 못할 때도 있었어요.
그저 여자라는 이유 때문에,
그저 아시아인이라는 이유 때문에요.

그래서 우젠슝은 슬펐을까요? 그럼요.
그래서 우젠슝은 실망했을까요? 자주요.
그래서 우젠슝은 낙담했을까요? 가끔은요.

그러나 우젠슝은 그런 감정들이 자신이 좋아하는 일을 하지 못하게 방해하도록 내버려 두지 않았어요.
아버지가 늘 들려주던 이런 말 때문에요.

"장애물 따위는 무시해라. 아래를 쳐다보며 계속 앞으로 나아가거라."

그런데 우젠슝이 이겨낼 수 없었던 문제가 딱 하나 있었어요.

2차 세계대전 때문에, 그 뒤에는 중국의 정치 상황이 불안정해서, 그리고 연구에만 매달리느라, 부모님을 만나러 갈 수 없다는 것이었어요.

"가슴이 미어지는 것 같아."
우젠슝은 끝내 아버지 장례식에도 갈 수 없게 되자 친구에게 이렇게 편지를 썼어요.

새 보금자리가 된 미국에서 우젠슝은 여전히 용감하게 자신의 길을 계속 걸어갔어요. 우젠슝은 여성과 아시아인을 바라보는 편견에 맞서 싸웠어요. 그뿐만 아니라 ≪스미소니언≫은 '물리학 연구의 퍼스트레이디'라 부르고, ≪뉴스위크≫는 '물리학의 여왕'이라 부를 만큼 보기 드물게 뛰어난 물리학자로도 인정받았어요.

여기까지가 중국의 한 외진 마을 출신의 조그만 여자아이가 학교에 가고, 여느 남자아이들처럼 똑똑하다는 걸 스스로 입증해 보이고, 과학자가 되는 법을 배우고, 심지어 '물리학의 여왕'이 되기에 이르기까지의 이야기입니다!

물리학 연구의 퍼스트 레이디

우젠슝

# 우젠슝은 누구인가?

1912년 5월 31일, 우젠슝(吳健雄, 오건웅)은 중국 상하이에서 가까운 작은 마을 류허에서 태어났다. 우젠슝은 부모님 그리고 오빠와 남동생과 함께 화목하게 살았다. 당시의 많은 부모와 달리 우젠슝의 어머니와 아버지는 여자아이도 남자아이와 동등하며, 남자아이와 똑같이 교육받아야 한다고 생각했다. 우젠슝의 부모님은 여성을 바라보는 편견에 아랑곳하지 말고 인내심을 가지라며 딸에게 용기를 불어넣어 주었다. 인내심은 그가 미국에서 소수자들을 대하는 편견과 부딪혔을 때 많은 도움을 주었다. 그의 부모님은 여자아이도 원한다면 그 무엇이든 될 수 있다고 믿었고, 자신들의 딸도 그렇게 믿도록 가르쳤다. 훗날 우젠슝 또한 여자도 얼마든지 과학자가 될 수 있다며 여학생들을 격려했다.

우젠슝 또는 우 마담(그의 학생들은 우젠슝을 이렇게 불렀다)은 놀라운 업적들을 쌓았다. '베타 붕괴'를 입증해 보이거나 패리티 법칙에 이의를 제기한 실험들을 해낸 것 말고도 그가 이룬 업적은 다음과 같이 대단했다.

- ▶ 프린스턴 대학교 측이 전임 강사로 채용한 최초의 여성
- ▶ 프린스턴 대학교에서 명예박사 학위를 받은 최초의 여성
- ▶ 미국물리학회 회장으로 선출된 최초의 여성 (1975)
- ▶ 살아생전에 자신의 이름을 딴 소행성을 갖게 된 최초의 과학자
- ▶ 울프 물리학상 첫 수상자 (1978)

그는 이런 업적을 일군 최초의 여성이었을 뿐만 아니라 이런 영예를 얻은 최초의 중국 여성이었다. ≪뉴스위크≫(1963년 5월 20일 자)가 그를 가리켜 '물리학의 여왕(queen of physics)'이라고 부른 것은 당연한 일이었다. 우젠슝은 1997년 2월 16일에 뉴욕에서 사망했다.

# 용어 설명

### 가설(hypothesis)
과학에서 '가설'이라는 말은 수많은 계산과 논리적 추론 끝에 갖게 된 생각을 뜻한다. 그러나 이 생각은 아직 검증을 거치지는 않았다. 각기 다른 여러 과학자가 실험들을 통해 철저하고 세심한 검증을 거쳐 모든 결과가 이 생각이 옳다고 확증할(입증할) 때 가설은 신뢰성을 갖는 과학 이론의 하나로 자리 잡게 된다.

### 물리학(Physics)
'자연의 산물'을 뜻하는 그리스어 '피지카(physika)'에서 유래한 이 말은 물질과 에너지를 다루는 학문을 가리킨다. 그럼, 물질은 정확히 무엇일까? 어째서 물질은 그렇게 행동하는 걸까? 에너지는 어떻게 생겨났을까? 에너지는 통제 가능할까? 물질과 에너지는 어떤 식으로 연관되어 있으며, 또 어떤 식으로 함께 작동할까? 물리학자들이 답을 찾으려고 애쓰는 질문은 이것들 말고도 너무 많다.

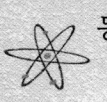

### 베타 붕괴(beta decay)
과학자들은 'β 붕괴'라고도 쓰는 '베타 붕괴'는 기본적으로 원자핵 속의 핵자(원자핵을 구성하는 양성자와 중성자)가, 다시 말해 원자 중앙이 '붕괴'하거나 쪼개질 때 일어나는 현상이다. 핵자가 중성자이면 양성자가 되고, 전자이면 반중성미자가 된다. 이를 '베타-마이너스 붕괴(β- 붕괴)'라고 부른다. 핵자가 양성자이면 중성자, 양전자, 중성미자로 쪼개진다. 이를 '베타-플러스 붕괴(β+ 붕괴)'라고 부른다.

### 양성자(proton)
원자를 이루는 세 가지 입자 중 하나로, 중성자와 함께 원자핵 안에서 발견된다. 양성자는 양전하를 띠며, 대개는 동일한 원자 안에 있는 전자의 음전하를 상쇄한다. 원소 안에 들어 있는 양성자 수에 따라 주기율표의 원소 번호가 결정된다.

### 양전자(positron)
양전자는 전자의 반입자다. 전자와 마주 보는 쌍둥이와 비슷하다.

### 원소(element)
화학적으로 더 이상 간단하게 분리할 수 없는 물질이다. 수소, 탄소, 산소, 금, 은 등은 공통 원소에 속한다.

### 원자(atom)
여러분, 여러분의 집, 지구, 태양을 비롯해 여러분 주위의 모든 것은 원자로 이루어져 있다. 수소와 탄소 같은 원자는 원소의 최소 단위로, 여전히 원소의 성질을 갖는다. 원자(atom)라는 말은 '나눌 수 없는'을 뜻하는 그리스어 '아토모스(atomos)'에서 유래했다.

### 전자(electron)
원자의 세 가지 구성 요소 중 하나인 전자는 유일하게 원자핵 안에 있지 않다. 그 대신 전자는 환한 전등 주변을 도는 나방 떼처럼 원자핵 주위를 빙글빙글 돈다. 전자는 음전하를 띤다.

### 중성미자(neutrino)
중성미자는 보통 원자의 일부가 아니고, 베타 붕괴가 일어날 때만 원자에서 생성될 수 있다. 중성자처럼 중성미자도 전하를 띠지 않으며 질량이 거의 없다. 뉴트리노는 '작은 중성자'를 뜻하는 이탈리아어다. 그도 그럴 것이 중성미자는 작은 중성자처럼 생겼기 때문이다. 또 중성미자는 빛의 속도 또는 그 비슷한 속도로 여행할 수 있다. 광자(빛 입자)를 제외하고는 어떤 입자도 그렇게 빨리 여행하지 못한다.

**중성자**(neutron)
원자를 구성하는 세 가지 입자 중 하나인 중성자는 유일하게 전하를 띠지 않는다. 중성자는 원자핵 안에서 발견되며, 양성자와 결합해 원소의 원자 질량(무게)을 이룬다.

**패리티**(parity)
이 주제를 놓고 이야기할 때면 물리학자들은 패리티의 '보존성' 여부에 초점을 맞춘다. 어떤 물체와 그 거울상이 외부 영향력에 정확히 똑같이 반응하면 패리티는 보존된다. 패리티는 시스템이 얼마나 대칭을 잘 이루느냐와 관계가 있다.

**핵자**(nucleon)
원자핵을 이루는 기본 입자로 더는 분리할 수 없다. 핵자 중에서 전기적으로 양전하를 가진 입자가 양성자, 전기적으로 중성인 입자가 중성자이다.

글쓴이　**테레사 로버슨** Teresa Robeson

홍콩에서 태어나 캐나다에서 자랐다. 지금은 인디애나 남부의 조그만 집에서 과학자인 남편과 함께 생활하며 창작 활동을 하고 있다. WNDB(We Need Diverse Books) 논픽션 부문 수상자답게 테레사는 과학과 문화유산의 중요성을 강조한다.

홈페이지 teresarobeson.com / 트위터 Twitter@TeresaRobeson


그린이　**레베카 황** Rebecca Huang

타이완 출신의 삽화가로 현재 샌프란시스코 베이에리어에 살고 있다. 샌프란시스코 예술대학교에서 미술 석사 학위를 받았으며, 『보보와 갓난아기(Bobo and the New Baby)』의 작가 겸 삽화가이다.

홈페이지 rebeccamhuang.com


옮긴이　**강미경**

1964년 제주에서 태어나 이화여자대학교 영어교육과를 졸업한 뒤 전문 번역가로 활동하고 있다. 인문 교양, 비즈니스, 문예, 어린이 도서 등 영어권의 다양한 양서들을 번역 소개하고 있다. 옮긴 책으로는『도서관, 그 소란스러운 역사』,『유혹의 기술』,『우리는 사소한 것에 목숨을 건다』,『톰 소여의 모험』,『작은 아씨들』,『우나의 고장난 시간』,『프로파간다』,『작가 수업』,『인간 관계의 법칙』,『1차 세계대전』『우리는 침묵하지 않는다』 등이 있다.


## 물리학의 여왕 우젠슝
원자의 비밀을 풀다

1판 1쇄 인쇄 2023년 5월 15일
1판 1쇄 발행 2023년 5월 20일

글쓴이　테레사 로버슨　　그린이　레베카 황　　옮긴이　강미경
펴낸이　조추자　　펴낸곳　두레아이들
등록　2002년 4월 26일 제10-2365호
주소　(04075)서울시 마포구 독막로 100 세방글로벌시티 603호
전화　02)702-2119(영업), 703-8781(편집), 02)715-9420(팩스)
이메일　dourei@chol.com　　블로그　blog.naver.com/dourei　　인스타그램　instagram.com/dourei_pub

• 책값은 뒤표지에 적혀 있습니다. 잘못 만들어진 책은 구입하신 곳에서 바꾸어 드립니다.

ISBN 979-11-91007-28-2　77990

# 세상을 바꾼 위대한 여성 과학자

### 코로나바이러스를 처음 발견한
## 준 알메이다

수전 슬레이드 글, 엘리사 파가넬리 그림, 김소정 옮김

'코로나바이러스'는 누가 처음 발견했을까? 이 무시무시한 바이러스에 '코로나(왕관)'라는 이름은 누가 지었을까? 그는 준 알메이다(June Almeida)이다. 그러나 위대한 업적과 달리 그 이름은 잘 알려지지 않았다. 크게 드러나지 않았으나 인류를 위해 크나큰 업적을 남긴 과학자, 수많은 과학책과 교과서 등에 실린 현미경 사진을 찍은 위대한 '바이러스 탐정'의 이야기를 국내에 처음 들려주는 책이다.

★한우리 추천도서

### 와이파이 기술을 발명한 영화배우
## 헤디 라마

로리 윌마크 글, 케이티 우 그림, 김종원 옮김

와이파이와 블루투스의 토대가 된 '주파수 도약 시스템' 기술을 개발한 천재적인 발명가이자, 전설적인 할리우드 영화배우였던 헤디 라마. 영화배우와 발명가라는 두 가지 모습으로 살아온 '세상에서 가장 아름다운 여성'의 숨겨진 '진짜' 이야기를 들려준다. 어느 모습이 진짜 헤디 라마일까?

★서울시교육청 어린이도서관 권장도서  ★인천광역시교육청 이달의 추천도서
★의정부 과학도서관 사서추천도서

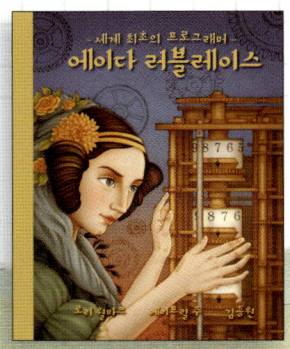

### 세계 최초의 프로그래머
## 에이다 러블레이스

로리 윌마크 글, 에이프릴 추 그림, 김종원 옮김

태어난 지 200여 년이 지나서야 컴퓨터 프로그래밍의 발명가로 주목받는 에이다 러블레이스! 이 책은 에이다의 청소년기에 초점을 맞춰 수학 천재였던 에이다가 어떻게 성장했는지 자세히 보여준다. 그동안 부당하게 잊힌 한 여성을 소개하는 훌륭한 책이다. 여성 컴퓨터 개척자에 대한 아름다운 찬사이다.

★행복한아침독서 추천도서  ★오픈키드 좋은 어린이책
★고래가숨쉬는도서관 추천도서  ★나다움 어린이책 추천도서

### 컴퓨터 코딩의 여왕
## 그레이스 호퍼
로리 월마크 글, 케이티 우 그림, 김종원 옮김

프로그램 '버그' 개념의 창시자이자 최초의 컴파일러 개발자, 컴퓨터 코딩의 여왕이며 코딩의 시대를 연 선구자, 그레이스 호퍼! 호기심 많고 상상력이 풍부하며, 새로운 도전과 변화를 두려워하지 않는 용기와 열정이 넘치는 여성의 삶을 밝고 유쾌하게 들려주는 책이다.

★한우리 추천도서

## 말라리아를 퇴치한 투유유 이야기
### : 노벨 생리의학상을 받은 첫 아시아 여성 과학자
수 루 글, 알리체 코피니 그림, 신여명 옮김

개똥쑥에서 말라리아 치료제인 '아르테미시닌'을 발견해서 수많은 사람의 목숨을 구하고, 아시아 여성 과학자 최초로 노벨 생리의학상을 받은 투유유! '20세기 위대한 과학자' 투유유의 이야기를 들려주는 첫 어린이 책이다.

★한우리 추천도서　★행복한아침독서 추천도서